가온 시선선 018

시로 쓴 백수생활 백태

백수의 하루

김관식 제4시집

■ 시인의 말

백수철학을 유머로 풀어내고 싶었다

오늘날은 백수의 시대다. 백수에는 부정적인 의미의 백수와 긍정적인 의미의 백수가 있어 사람에 따라 백수를 싫어하는 의미로 받아들일 수도 있고, 좋은 뜻으로 받아들일 수도 있을 것이다. 백수라는 낱말이 두 가지 상반된 의미를 다 가지고 있는 폭 넓은 낱말이기 때문이다. 하나의 좋은 의미는 백수하기를 싫어하는 사람이 없이 모두 바라는 의미이다. 그 바라는 의미는 오늘날 의학기술이 발달되어 인간의 평균수명이 늘어나 백세시대를 지칭하는 "아흔아홉 살을 달리 이르는 말"이 바로 백수이기 때문에 백수를 누리고자하는 우리들이 간절히 바라는 좋은 의미의 백수가 있는가 하면, 부정적인 의미로 받아들이는 백수는 "한 푼도 없는 처지에 특별히 하는 일이 없이 빈둥거리는 사람을 속되게 이르는 말"의 뜻을 의미한다고 하겠다.

"청백전", "청년실신" 등의 신조어가 생겨난 것이 오늘날 우리나라의 현실이다. "청백전"이란 "청년백수 전성의 시대"를 줄인 말이고 "청년실신"은 청년실업과 신용

불량자의 합성어를 줄인 말이다. 우리나라 청년실업이 매우 심각한 실정이고, 그나마 평균수명의 연장으로 직장에서 퇴직 후의 백수기간이 길어져 그야말로 앞으로는 백수들이 많아진 백수시대가 아닐 수 없다. 앞으로 우리나라의 인구구성비도 젊은 층들의 출산기피로 일할 사람이 줄어들어 젊은 층은 인구가 급격히 줄어들고 노인층의 인구는 늘어나는 역피라미드형이 된다고 한다. 이 말은 일하지 않는 백수들이 많아지는 세상이 다 가오고 있는 것이다.

백수시대를 백수철학을 유머로 풀이하여 시로 써보았다. 본래 우리 인간은 백수로 태어나서 백수로 죽는다. 백수를 비난할 것도 없다. 모두 태어날 때부터 백수였기 때문이다. 먹고 살수만 있다면 백수 팔자가 얼마나 좋겠는가? 오늘날 백수들의 문화와 그들의 아픔과 생각을 그려본 백수생활 보고서 성격의 시이다. 잠시 시름을 잊고 웃으면서 백수에 대한 긍지심도 갖기 바란다. 살다보면 때로는 백수시절이 그리울 날이 올 수도 있을 것이기 때문이다.

옛날 농본주의 시대에는 우리나라는 농촌의 인구가 많았다. 농사를 주업으로 했기 때문에 농사짓는 사람이 인구의 대부분이었고 농부들은 농사철이 아닌 농한기에는 임시지만 백수가 되어 많은 전통 민속놀이 문화를 남겼다. 모든 놀이 문화는 백수에 의해 만들어졌다고 해도 지나친 말이 아닐 것이다. 일제강점기 일본은 우리나라 사람들을 백수에 빠져게 하려고 놀이도구로 화투를 만들어 보급하고 마약을 보급했다. 화투와 마약에 빠져들면 일할 생각을 잃어 버리기 때문에 우리 민

족들을 의도적으로 백수로 내몰았다. 세상의 위대한 발견과 발명 모두가 백수문화로 만들어진 것들이다. 백수의 정신집중력과 깊은 생각에 빠져드는 무서운 초능력적인 힘이 발휘되어 세상을 바꿔놓았기 때문이다. 세상을 바꿔 놓는 철학은 백수철학에서 나왔다.

  전국에서 백수신세를 한탄하며 절망하는 사람들이 이 시를 읽고 제발 재도약의 힘을 얻으라. 청년백수 임시실직백수, 퇴직백수, 주부백수들이여 힘을 내라. 세상은 백수들에 의해 움직인다. 희망을 가져라. 당당하게 어깨를 펴라.

2016년 10월
지은이 김관식 올림

목차

3 ▪ 시인의 말

1부 연락두절

13 ▪ 백수의 하루 1 – 긁자
14 ▪ 백수의 하루 2 – 등산
15 ▪ 백수의 하루 3 – 후유증
16 ▪ 백수의 하루 4 – 명함
18 ▪ 백수의 하루 5 – 백수 철학
19 ▪ 백수의 하루 6 – 시간
20 ▪ 백수의 하루 7 – 꿈과 현실
21 ▪ 백수의 하루 8 – 동창회
22 ▪ 백수의 하루 9 – 연령별 활동
24 ▪ 백수의 하루 10 – 자존심
25 ▪ 백수의 하루 11 – 삼일절
26 ▪ 백수의 하루 12 – 이태백
28 ▪ 백수의 하루 13 – 연락 두절
29 ▪ 백수의 하루 14 – 커지는 생각
30 ▪ 백수의 하루 15 – 실존
31 ▪ 백수의 하루 16 – 명칭
32 ▪ 백수의 하루 17 – 돈
33 ▪ 백수의 하루 18 – 목욕탕
34 ▪ 백수의 하루 19 – 백수

2부 백수의 원조

37 ▪ 백수의 하루 20 -한고조 유방
38 ▪ 백수의 하루 21 -신의 축복
39 ▪ 백수의 하루 22 -나사
40 ▪ 백수의 하루 23 -장애인
41 ▪ 백수의 하루 24 -권력
42 ▪ 백수의 하루 25 -말
43 ▪ 백수의 하루 26 -불우이웃
44 ▪ 백수의 하루 27 -너 자신을 알라
45 ▪ 백수의 하루 28 -귀족 백수
46 ▪ 백수의 하루 29 -좋은 일자리
47 ▪ 백수의 하루 30 -꿈
48 ▪ 백수의 하루 31 -인간관계
49 ▪ 백수의 하루 32 -백수의 원조
50 ▪ 백수의 하루 33 -미래
51 ▪ 백수의 하루 34 -식욕
52 ▪ 백수의 하루 35 -시식코너
53 ▪ 백수의 하루 36 -개업 집
54 ▪ 백수의 하루 37 -공원
55 ▪ 백수의 하루 38 -무임승차
56 ▪ 백수의 하루 39 -외상장부

3부 백수 탈출

59 ▪ 백수의 하루 40-백수의 도
60 ▪ 백수의 하루 41-노자
61 ▪ 백수의 하루 42-백수 탈출
62 ▪ 백수의 하루 43-사기꾼
63 ▪ 백수의 하루 44-40대
64 ▪ 백수의 하루 45-개
65 ▪ 백수의 하루 46-끼리끼리
66 ▪ 백수의 하루 47-월요병
67 ▪ 백수의 하루 48-표류
68 ▪ 백수의 하루 49-건강
69 ▪ 백수의 하루 50-인력시장
70 ▪ 백수의 하루 51-노숙자
72 ▪ 백수의 하루 52-백수의 특징
73 ▪ 백수의 하루 53-캥거루족
74 ▪ 백수의 하루 54-일
75 ▪ 백수의 하루 55-다문화시대
76 ▪ 백수의 하루 56-달
77 ▪ 백수의 하루 57-임시 백수
78 ▪ 백수의 하루 58-말

4부 깨달음

81 ▪ 백수의 하루 59-시인 백수
82 ▪ 백수의 하루 60-사랑
83 ▪ 백수의 하루 61-겨울
84 ▪ 백수의 하루 62-100세 시대
85 ▪ 백수의 하루 63-웅녀
86 ▪ 백수의 하루 64-공상
87 ▪ 백수의 하루 65-가사도우미
88 ▪ 백수의 하루 66-교환가치
89 ▪ 백수의 하루 67-생각
90 ▪ 백수의 하루 68-깨달음
91 ▪ 백수의 하루 69-인생
92 ▪ 백수의 하루 70-뜬구름 잡기
94 ▪ 백수의 하루 71-직업 밝히기
96 ▪ 백수의 하루 72-감사합니다

98 ▪ 시인 김관식

1부
연락 두절

백수의 하루 1 -긁자

긁어야 산다
마누라 바가지 긁듯
박박 긁는 거다

즉석 복권을 긁는다
긁다 보면
속 시원한
행운이 찾아오는 게 아니겠어?

집에 돌아갈 버스비 동전 몇 닢
빈털터리가 될 때까지
긁어 보는 거다

미치게 가려운 등 긁을 때
시원하고 짜릿한 그 맛
알란가 몰라
진물이 나도록 긁어볼 참이다

진물이 나면 오늘 밤
마데카솔 잔뜩 바르고
좋은 꿈꾸는 거다.

백수의 하루 2 −등산

등산이 건강에 좋은 줄
왜 모르겠어?
삼겹살 뱃가죽은
등산이 최고라는 말에
친구 따라 관악산 등산을 갔다

헉헉 숨 가프고
진땀이 주르르
다리가 휘청휘청
도중하차 망설였지만
조금만 올라가면 정상이야
정상에 올라가면
막걸리가 기다리고 있다는 말에
겨우겨우 올라간 정상
정상에서 바라본 서울
내가 저 틈바구니에서
아웅다웅 살고 있었구나

막걸리 한 사발 들이켜니
세상이 다 내 세상,
바로 이 맛이야.

백수의 하루 3 −후유증

팔다리가 쑤시고 아프다
어제 오른 산이 따라와
온몸을 짓누른다

날고 싶은 어깻죽지
날아보지도 못하고
그만 풀이 죽어버렸다

장딴지에 붙어 온
뻐꾸기 울음소리
뻐꾹뻐꾹 울어댄다

등산은 아무나 하는 게 아니구나
백수도
소일하는 방법이 다르듯이

나는 내 방식대로
이불 뒤집어쓰고
하루 종일 낮잠 자고
컴퓨터 오락게임이나 실컷 하는 거다.

백수의 하루 4 – 명함

백수도
직업선택의 자유가 있다

무직은
무식하게 보이고
무시당하는 호칭이다

마땅한 명칭이 없을까
거창한 직함으로 명함을 내밀자

날마다
종로나 서울역을 기웃거리며
옮겨 다니고
때로는 길가에 앉아 쉬기도 하니
종로노인복지 도움센터 이사나
서울역 행려자 자활상담소 이사라면
좋겠구나

아내의 고충을 덜어드리기 위해
부지런히 움직이니까
여성고충상담소 소장이라 하면
좋겠구나

여당을 따라다녀야
힘깨나 쓸 게 아니겠는가
한국 힘세당 당원이
좋겠구나

백수들끼리
서로 주고받는 명함
대한민국 복지, 봉사단체 간부들
여기 다 모였다.

백수의 하루 5 −백수 철학

태어나면서 백수 아닌 사람이
어디 있겠어?

백수로 태어나서
백수로 죽어가는 게
우리 인생인데 뭘
짧은 인생 일 안 하고
먹고 살 수만 있다면
백수가 낫지
암, 그렇고말고

졸부네 식구들은
모두가 백수인 걸
평생을 놀고 먹어도
못다 쓰고 갈 재산
할아버지께서 물려주고 가셨는데

뭐 하려고 일하고 사나
그냥 품격 있게 잠자고
우아하게 먹고
화려하게 옷 입고
뻐기면서 살면 되지.

백수의 하루 6 －시간

시간은 황금이라고
얼마든지 황금과 바꿔드리겠다

남는 게 시간인데
만약 시간이 황금이라면
나는 부자가 아니겠는가?

시간은 많은데
호주머니 속에는
동전 한 푼도 없다

황금이 없으니
왜 이렇게 먹고 싶은 게 많을까?
왜 이렇게 갖고 싶은 게 많을까?

남아도는 거라고
시간과 잠뿐이다

시간을 잠으로 바꾼다
잠들어야 꿈을 꿀 수 있지 않겠는가
꿈꾸기 위해 잠을 잔다
백수에게는 시간이 잠이다.

백수의 하루 7 - 꿈과 현실

백수들도 꿈을 꾼다

꿈이 있기에 행복하다
꿈은 봄이다
현실은 겨울이다

냉혹한 현실 속에서
우리들의 꿈은 냉동상태다

봄이 왔다고 밖을 나왔으나
밖은 여전히 춥다

우리들의 봄이
현실이 되는 날

현실은
따뜻하게 다가올 것이다

그날을 기다리며
해마다 날마다 꿈을 꾼다.

백수의 하루 8 -동창회

잘 나가는 친구들은
기 살아서 설쳐댄다

학교 다닐 때 모범생이
사회 나와서
백수가 웬 말인가?

세상이 뒤바꿨다
사회는 성적순이 아니구나

꼴등 친구 출세하여
일등 행세 꼴불견이다

체면이 말이 아니다
풀 죽어 말문이 막힌다

얼굴이 붉어지고
새가슴이 된다
자꾸만
쥐구멍 속으로 들어가고 싶어진다.

백수의 하루 9 — 연령별 활동

20대 백수는 청년실업자
도서관과 학원에서 취업 준비 바쁘다

30대 백수는 홍대 앞 강남 젊은이들 거리를
이곳저곳 할 일 없이 기웃거린다

40대 백수는 절망적이다
하루 종일 방안에 앉아 몽상을 즐긴다

50대 백수는 당구장, 헬스클럽
날마다 체력단련, 텔레비전 리모컨 조정,
신문지를 뒤적이는 즐거움으로 살아간다

60대 백수는
집 근처 공원을 찾아 체력단련이다
가끔은 등산도 간다

70대 백수는
종로 파고다 공원, 종묘를 서성인다
가끔은 황학동을 들린다

공짜 전철 타고
춘천 막국수, 온양온천
전철 종점까지 가서
싸구려 점심 먹고 집으로 온다

80대 백수 동네 노인당에서
장기, 바둑 즐기면서 보낸다.

백수의 하루 10 -자존심

쥐뿔도 없으면서
자존심이 웬 말인가?

무시하는 말 한마디
못 참고 던진 사표
서류 한 장에 백수가 됐다

내 능력 과대평가
부풀었던 자존심
꼴이 말이 아니구나

남들이 부러워하는 회사
때려치웠더니
용기가 이완용 뺨친다고
칭찬이 대단했다

한순간은 통쾌함이
두고두고 쓰리고 아플 줄 누가 알았겠는가?
눈앞이 캄캄하다
앞길이 막막하다.

백수의 하루 11 -삼일절

삼일절 독립만세

젊은이들의 삼일절은
백수의 시작
31세가 되면
취업문이 끊긴다는
삼일절

취업 경쟁에서 밀려나
뒷방 신세
앞날이 캄캄하다

할 일은 많은데
인생길이 험하다

취업 결혼 자꾸 멀어져 간다
더운 밥 찬밥 가리지 않겠다

광고지 뒤적이며
이곳저곳
이력서를 넣는다.

백수의 하루 12 −이태백

이태백은 두보와 함께
당나라 천재 시인

이태백 시
"여산 폭포를 바라보며"
疑是銀河落九天
(구만 리 하늘에서 은하수가 쏟아졌나?)
시궷 신세 20대 젊은이들
청년실업자 이태백
이십 대 태반이
백수

일하고 싶어도 일자리가 없다

언제까지
꿈만 꾸고 살아야 하나
處世若大夢 胡爲勞其生
(세상살이 큰 꿈과 같아 어찌 그 삶을 피곤하게 살까?)

역마살 애주가 이태백
시 속에서 살아가며
젊음을 불태우고 살았었다

이태백 시집 한 권 들고
이태백처럼 여유롭게 폼 잡다가
도서관에서 코 골고 잠들어
학생들의 따가운 눈총만 받았다.

백수의 하루 13 -연락 두절

하루 종일 기다려도
오는 전화 한 통 없다

핸드폰에 입력된
전화번호로
카톡 문자만 날린다

돌아오지 않는 카톡 문자
받지 못하고 주기만 한다

짝사랑
연락 두절

백수의 하루 14 −커지는 생각

눈덩이 같은 생각이 굴러간다

나 혼자 깊은 생각에 빠지니
내 문제가
우리 가정의 문제로
우리 동네 문제로
내가 사는 시의 문제로
우리나라의 문제로
정치 문제로
경제정책 문제로
사회문제로
문화 문제로
이웃나라와의 문제로
국제관계의 문제로
점점 커지고
불평도 함께 커진다

이러면 안 되는데
내 코가 석자인데
남의 일까지 걱정한다.

백수의 하루 15 −실존

나는 생각한다
고로 존재한다

백수는 생각한다
고로 백수는 존재한다

인간은 유한하다
백수로 왔다가 백수로 돌아간다
고로 백수는 영원히 존재한다.

백수의 하루 16 - 명칭

직업이 없는 사람이
맨손의 白手다

머리카락이
하얗게 변한 사람도
백발의 白髮다

장수를 누린 99세의 나이를
白壽라 한다

제 밥그릇 가지고 못 태어나
아기처럼
하얀 우유[白水] 병을 빨고
하얀 꿈으로 밤잠을 설쳐
백수가 白髮 되어 간다.

백수의 하루 17 -돈

백수의
삶의 질을 좌우하는
돈

화려한 생활을 누리는
백수는 화백
비참한 생활을 하는
백수는 천백

돈은
신분의 척도

화백은
날마다 바쁘다
돈이 풍족하기 때문이다
여유만만

천백은
날마다 서럽다
돈이 없기 때문이다
의기소침

백수의 하루 18 −목욕탕

백수 세상이다
여기 오면
모두 똑같은
백수 같다

여기서
백수 아닌 사람은
때밀이 혼자뿐이다

빡빡
때수건으로
남의 몸의 때를 밀며
부지런히 일을 한다

어쩐 일인지
때밀이가
여기서만큼은
당당하다.

백수의 하루 19 -백수

어두운
밤

하얗게
지새운다

날마다
하얀
뭉게구름 같은 꿈을 꾼다

동동동
가없는 하늘
시름없이
떠다니다가
먹구름이 되면

눈물 같은
빗물을
흘려보낸다.

2부
백수의 원조

백수의 하루 20 －한고조 유방

한고조 유방도
한때는 백수였다

백수도
세상을 잘 만나면
황제가 되기도 한다

한신도 한때는
거리의 백수였다

꿈을 위해
자신을
갈고닦아야 한다

사람을 알아보면
기회가 올 수 있고,

사람을 바로 쓰는
지혜를 기르면
용이 될 수 있다.

백수의 하루 21 -신의 축복

신은 너에게
축복을 내렸다

너 자신에 대해
인간에 대해
명상할 기회를
다른 사람보다
더 많이 주셨다

신의 축복을
욕되게 하지 마라

함부로
망상의 집을
짓지 말라

항상 생각을 가다듬고
튼튼하게 몸을 가꾸고 있으면
기회가 올 것이다.

백수의 하루 22 -나사

공장 작업대 밑에
떨어진
암나사와 수나사

끼워지면 쓸모 있는
기계의 부속품이나
무수히 떨어져 밟히고 있다

더러는
다시 끼워지거나
쓰레기로 버려져
고물상으로 흘러가기도 한다

거대한 문명사회
나사와 같은
백수의 기다림은
운명이다.

백수의 하루 23 -장애인

이 세상 태어나면서부터
태어나서 어느 한순간에
짐이 되었어요

백수의 운명으로
죽는 날까지
세상을 향해
무엇인가 도움이 되고 싶어요

저희들에게도
저희들을 위해
고생하시는 분들에게
보답할 기회를 주세요

저희들도
살아가는
보람을 느끼고 싶어요.

백수의 하루 24 - 권력

백수에겐 권력이 없다
토플러는
권력은 돈과 폭력과 지식에서
나온다고 했는데,
백수가 가지고 있는 것은
오직 얄팍한 지식이다

책을 읽어
지식을 쌓아야
살아남는다

헛생각에 빠져
시간만 죽이면
백수에게 내미는 손길이 없다.

백수의 하루 25 -말

백수의 말은 힘이 없다
책임질 말이 없기 때문이다

상대에게 기쁨 줄 말과
깍듯한 예의로
친절을 베풀어야 한다

빈말이 많으면
빈손 되기 쉽다

은유와 유머로
신선한 충격으로
최대한 상대의 마음을
끌어당겨야 한다

좋은 말을 잘 하면
좋은 일이 생긴다

들어서 좋은 말로
모든 사람을 떠받들어야 한다.

백수의 하루 26 - 불우이웃

백수도 이웃이다

부자 백수
가난한 백수
성인들도
모두 백수들이었다

이웃을 돕는
따뜻한 사회
복지국가다

다 함께 더불어 살아가는
백수를 위한
복지사회
두 손들어
환영한다.

백수의 하루 27 －너 자신을 알라

너 자신을 알라
소크라테스의 말

백수가 자신을 아는 일은
세상 이치를 아는 일이다

자신을 모르고
덤벼드는 백수는
미끄럼 탄다

장점을 살리고
단점을 고쳐 나가며
백수의 가치를
스스로가 업그레이드해야 한다

백수
너 자신을 알라

백수의 하루 28 – 귀족 백수

백수도 신분이 있다

귀족 백수는
귀족답게 우아하게 품위 있게
외제 차 타고
명품으로 온몸을 감싸고
물 좋은 곳에서 하루를 즐긴다

도시 변두리 땅 몇 뙈기 가지고
조상 대대로 농사짓고 살다가
어느 날 천지개벽하여
땅값이 치솟아 떠밀려 갑부가 된
부동산 졸부 아버지
백수 아들딸 열쇠 꾸러미 몇 개 주고
판검사 사위 얻고 부잣집 딸 며느리 삼아
떵떵거리며 백수로 사는 재미

빌딩 몇 채씩 짓고
일 안 하고 평생 다 못 쓰고 갈 재산
쓰면서 사는 거다.

백수의 하루 29 －좋은 일자리

굶어죽어도
궂은일은 안 할 거다
대학까지 나온 체면에
그럴 수는 없다

기름때 묻히고
밥하고 빨래하고
허드렛일은
다른 나라 백수들에게
일자리 다 내어주고
어서 오십시오
친절한 손님맞이
멋부리고 앉아서 억지웃음
돈 냄새 맡는 카운터
회전의자에 앉아
일할 사무직만 바라보니
마땅한 일자리가 없다

힘들고 궂은일은
더러워서 못해먹겠다
백수건달 평생 백수 신세다.

백수의 하루 30 - 꿈

백수는 꿈속에서 산다

이루어지지 않아
절실한 꿈, 절박한 꿈
생존을 위해
무엇인가 하고 싶다

남에게 의존할 수밖에 없는
생존권
남에게 짐이 되는 게
미안하고 죄스럽다

빚진 것을 갚는 기회를
기다리며 살아가는 거다.

백수의 하루 31 −인간관계

인간관계는
고무줄 팬티 끈이다

떨어지면
치부가 드러난다

떨어지지 않도록
잘 지켜야 한다

신경을 곤두세우고
날마다
팬티 끈을 조인다.

백수의 하루 32 – 백수의 원조

백수의 원조는
공자

노자, 맹자, 장자, 달마대사
모두 백수

놀고 먹어도
백수들의 말은
명언이 되었다

우리 인간의
원초적 욕망은
놀고먹는 것이다

우리나라 유명한 학자
연암, 이익, 박제가, 홍대용도
모두 백수였다

백수였기에
훌륭한 사상을 남겼고
역사에 이름을 남겼다.

백수의 하루 33 – 미래

디지털 시대는
백수의 시대다

고정된 일자리가
없어진 디지털 시대

화폐에서
자유로워진 백수

미래는
백수의 시대다.

백수의 하루 34 -식욕

먹어도
왜 이리 배고프냐?

뱃속에
거지가 든 게 아니냐?

늘 허기진 증세
병원에 가 봐야 되는 게 아닌가?

병원비 있으면
차라리
갈빗살 뜯겠다.

백수의 하루 35 - 시식코너

영양섭취하려면
대형마트 식품점에 가야 한다

식품점 시식코너
한 바퀴 돌면
골고루 영양섭취
다 된다

백수의 보양식
시식코너에서.

백수의 하루 36 -개업 집

개업 집 축하는
백수 차지다

가게 앞
춤추는 도우미
각선미도 감상하고
개업 선물도 받고
축하 떡도 얻어먹고

품위 있게
축하해주는 거다.

백수의 하루 37 - 공원

공원은 생활의 일부
나의 삶도
한가한 공원이다

평일의 낮 공원은
백수들의 공간

유모차를 끌고 나온
할머니
강아지와 함께 산책 나온
아주머니

옹기종기
모여서 깡소주를 마시고 있는
노숙자들

가을바람에 나뒹구는
낙엽 구르는 소리

백수의 독백
쓸쓸한 한 폭의
풍경화

백수의 하루 38 −무임승차

나라에서 인정하는
백수의 나이
65세부터 지하철
무임승차

젊은 백수는
부모님이 인정하는
평생 무임승차

건달 백수는
거리가 인정하는
무임승차

가끔
무임승차 거부로
쇠고랑 차기도 한다.

백수의 하루 39 –외상장부

동네 구멍가게
외상 장부

빼곡하게
적힌 숫자들

두 줄로
삭제되지 않은 채
해가 넘어간다

어두운
그믐밤같이
찌푸린 주인 얼굴
쳐다보기
민망하다

머리 긁적거리며
통사정할 때마다
숫자 한 줄
추가된다.

3부
백수 탈출

백수의 하루 40 −백수의 도

인생살이
성공이
벼슬이냐
명예냐
돈이냐
학벌이냐

사람마다 가치가 다르건만
아파트 평수로 고급 승용차로
어느 지역 사느냐는
경제 가치로 등급을 매기려든다

하루 세끼 밖에 못 먹는다
더 먹을 수 없는데도
많이 먹으려 헛심 쓰지 마라

지나고 보면 모두
헛되고 헛된 것뿐이다
건강하게 즐겁게
남에게 피해 주지 않고 살아가는 것이
백수의 도다.

백수의 하루 41 - 노자

인간이 왜 사는가?
가치 있게 사는 길은 무엇일까?
깨우침을 주는 노자

짧은 인생을
출세의 종이 되어
자신을 돌아볼 기회도 없이
배부르게 먹고 살아가는 것이
정말 올바른 삶일까?

삶의 의의와
진정한 가치를 위해
정신적인 풍요를 누리며
자유로운 영혼을 지니고
살아가는 게 가치 있는 길이다

백수들에게 희망을 준
스스로 백수가 된 노자는

백수들의
위대한 스승

백수의 하루 42 −백수탈출

백수는 감옥 생활이다
꼬리표 달고 다니는
장발장 생활이다

회사 입사가
백수탈출이 아니라
이제부터 자유 끝
구속 시작이야
좋아하지 마라
고생길이 훤하다

엄마의 잔소리 대신
팀장님의 행동 감시와 잔소리
단단히 각오해야 될 걸

아마 백수 시절이
그리워질 거야.

백수의 하루 43 -사기꾼

지나친 친절을 조심해야 해 우연히 접근하여
취업 알선 일확천금 꿈 풍선 띄우는 사람
백수의 호주머니를 노리는 나쁜 사람들도
가끔 만날 수 있지

브로커, 해결사,
바람잡이, 건달,
사기꾼
……

그래서 사람을 알아보는 법을 알아야 해
선심에는 반드시 흑심이 있지
사기꾼의 흑심에 상처를 입으면
세상을 색안경 끼고 어둡게 보게 되지

조심해 세심한 관찰력으로
상대의 관상과 행동을 잘 살펴보라는
백수 스승님들의 가르침을 꼭
기억해 둬.

백수의 하루 44 -40대

40대 직장 잃은 백수는
절망이다
눈앞이 캄캄하다

흥부처럼 대신 매를 맞고라도
가족을 부양해야 하는 처참한 가장
친구에게 핸드폰 연락해보지만
받지도 않는다

세상 물정 모르고 살아온
40년의 설움이 한꺼번에 다가온다

희망의 지푸라기 잡고서라도
다시 일어서야 한다
인생역전을 꿈꾸는
40대 백수

후회할 때는 이미 늦은 일
백수는 남의 일이 아니다
미리
미래를 준비해두어라.

백수의 하루 45 -개

사람답게 살지 못하겠으면
충직한 개가 되어야 한다

짖지 않는 개
아무에게나 꼬리 흔들어주며
배를 채우는 현명한 개가 되자

궂은일 앞장서서
남에게 도움 주는 일
하다 보면 반드시
부가 축적되는 법

개같이 벌어
사람답게 살기 위해
짖어대거나
물어뜯지 말고

철저하게
주인 잘 따르고
애교 부릴 줄 아는
개가 되는 것이다.

백수의 하루 46 – 끼리끼리

백수도 연령에 따라
빈부에 따라 끼리끼리

20, 30대 고등 백수
홍대 카페, 술집에서
노량진 학원가에서 놀고
한강시민공원 오토바이 폭주족으로
강남 제비족으로 놀고

40, 50대 백수는 길거리 배회하거나
등산, 당구장, 헬스클럽, 해외여행,
한강 다리를 찾으면 위험 신호

60, 70대 백수는 동네 공원에서
무료 전철 타고, 온양온천, 춘천 나들이
가끔 효도관광으로 해외 관광

80, 90대 백수는 아파트 노인정에서
하루 종일 바둑, 장기, 화투를 치거나
종로3가역, 파고다 공원, 종묘에서
끼리끼리 논다.

백수의 하루 47 – 월요병

백수도 월요병이 있다

휴일에 남들처럼
거리를 쏘다니고
등산도 함께 간다

북적거리는
거리, 음식점, 쇼핑센터, 공원
하루 종일
바쁘게 돌아다니다 보면

쌓인 피로
한꺼번에 몰려와
월요병에 두문불출

한산한 평일의 외출은
지독한 고립감을
가져다줄 뿐이다.

백수의 하루 48 -표류

언제부턴가
내 가슴속에
섬 하나 있었지

그 섬에 표류되어
갈 길을 잃은
로빈슨 크루소

망망한
바다 위에 떠있는
난파선 위에
세찬 파도만 밀려온다

오직 의지할 것은
신밖에 없어
두 손 모아 무릎 꿇고
기도한다.

백수의 하루 49 -건강

백수를 지탱하는 힘은
건강이다

건강을 잃으면
백수 꼴 초라해진다

겨우 얻어먹고 연명하는데
아프기까지 하면 끝장이다

멀쩡한 사람 건강 잃어
백수 되고

백수 건강 잃으면
천수 못 누리고 일수 신세

건강을 위해
규칙적으로 움직여라.

백수의 하루 50 -인력시장

새벽 4시에 열리는
인력시장
노동을 팔기 위해
모여든 사람들

경험자와 힘깨나
쓰게 보이는 사람은
쉬이 팔려서 봉고차에 몸을 싣고

허탕 친 노동자
오늘도 하루 백수
빈속에 들이킨 막걸리 한잔

화끈거리는 얼굴로
터벅터벅 되돌아오는 차가운 거리
희망의 불씨는 보이지 않는다

밥 한 끼 벌이가
이렇게 어려울 줄이야.

백수의 하루 51 -노숙자

백수는 인생살이 밑바닥
막장 길
갈 곳이 없어
남들이 어디론가 떠나가는
서울역, 영등포역 건물 안에서
떠나지 못하고 살아간다

지하통로 바닥에
박스 조각 깔고 신문지 덮고
신문에 나오지 않는
사회면 기사감이 되어
새우잠을 청한다

굶주린 배
온정의 밥 한 끼 얻어먹고
손 벌려 소주 한 병으로
갈증을 달랜다

산발한 머리카락
누더기 옷 야릇한 냄새
원시생활로 돌아갔지만

21세기
수도 서울에서 살아가는
당당한
대한민국 국민이다.

백수의 하루 52 -백수의 특징

달팽이 이사 간다

산책 나온 강아지처럼
이곳저곳을 머뭇거린다

전봇대 광고지와
길거리 벼룩시장을 본다
오늘이 며칠인지 잘 모른다
옷차림이 단정하지 못하다

평일 대낮에
등산, 골프를 즐기거나
야행성으로
밤새워 인터넷을 하고
늦잠을 잔다

하루 세 끼
챙겨 먹지 못하고
불규칙적이다.

백수의 하루 53 - 캥거루족

독립하지 못한 백수
캥거루족
부모 곁에
꼭 붙어서 산다

평생 부모 품에
아이처럼 살아간다

마마보이 마마걸
캥거루족 연어족

부모 재산
쪽쪽 빨아먹는
빨대족

제멋대로
깡총거리는
철부지 백수들

속이 타는
부모 마음
헤아리기나 할까?

백수의 하루 54 -일

일 없으면
백수

없는 일
찾아서 하면
봉사

무보수
봉사활동은
백수도
백수가 아니다

남을 위한 일
찾아서
봉사하다 보면
백수탈출 기회가 온다.

백수의 하루 55 - 다문화시대

백수 탈출 위해
대한민국 찾아온
지구촌 사람들

힘들고 더럽고 위험한
3D업종 찾아서 불법체류 한
동남아인들 백수 탈출
결혼으로 꿈 찾아온
외국인들

백수도 다문화시대
구직 광고도
영어, 일어, 중국어……
다문화언어
백수의 풍속도도
다문화 양태다

점점 늘어가는
다문화 인구
지구촌 여러 나라
백수들의 모습이
대한민국에 나타났다.

백수의 하루 56 -달

추석 송편 같은
초승달

만두 같은
보름달

보기만 해도
배가 불러
환한 웃음

달 없는 그믐밤
팥죽 같은
어둠 속에서

달달달
떨면서 달만
쳐다본다.

백수의 하루 57 −임시 백수

다니던 직장 잃으면
임시 백수

실업급여를 받으려면
고용센터 찾아가
2-3주에 한 번
실업인정 상담 받고

일수 도장 꼬박 꼬박 찍는
취업희망카드에
재취업 활동 신고
임시 백수 모인 고용센터
여기도 만 원이다

학벌 사회 고학력자 임시 백수들
일할 만한 자리가 없다
나의 존재가치가 땅바닥이다

자리가 있는 곳은 3D업종뿐
재취업의 벽 앞에 한숨만 쉰다.

백수의 하루 58 -말

말도 값이 있다

권위에 따라 값이 다르다
백수의 말은 바닥을 친다
아무도 들어주지 않는다
말을 하면 시끄럽다고 한다

할 말이 있어도
하지 못하는
벙어리 아닌 벙어리

아무도 없는 산에 올라
"임금님 귀는 당나귀"
외치는 날

백수도 힘이 솟는다
권위가 하늘을 찌른다.

4부
깨달음

백수의 하루 59 －시인 백수

밥이 안 되는
시를 쓴다

꿈꾸는
아름다운 세상
눈물겹도록
아름다워라

초라한 옷차림
배가 고파와도
날마다
즐거운 백수

시는
백수의 눈물이다.

백수의 하루 60 –사랑

사랑은
사치인가요

사랑은
백수로 와요

가진 게 없어도
당신을 바라보기만 해도
세상을
다 가진 것 같거든요.

백수의 하루 61 -겨울

겨울이다 매서운
겨울바람 앞에 떨고 있다
바람에 나뒹구는 낙엽이다

어젯밤 하얀 꿈속
하염없이 닭털처럼 내리던
하늘나라 어머니 말씀

사랑으로 하얗게
덮어 놓았구나

온 세상 춥지 않게
감싸주시는 어머니
그 포근한 품

받기만 하는
백수는
그저 죄인입니다.

백수의 하루 62 -100세 시대

평균수명이 늘어나
백세 시대

백수 기간이
늘어났다

길어진 노후의
백수 연금으로

옛날 사람보다
두배의 삶을
살다가는 세상

늦었다 포기 말고
뒤늦게 서라도
못다 이룬
꿈을 이루어내자

백수의 하루 63 −웅녀

곰과 호랑이에게
마늘과 쑥만 먹고
100일을 백수로 지내야
사람이 될 수 있다

백수는 곰처럼 참아야 한다
백수는 하늘의 뜻이다

오늘 하루도 꿈 꿀 수 있고
우직한 곰처럼 백수임을
감사할 줄 안다면
슬프지는 않을 게다

호랑이처럼
제멋대로 살고 싶겠지만
참고 견디다 보면 곰처럼
웅녀가 될 수도 있을 거야
반드시 웅녀처럼
변신할 날이 올 것이다

그날을 위해
사람답게 사는 법을 익혀야 한다.

백수의 하루 64 −공상

마음속에 떠오른 생각
언어로 표현하면
시가 되고

붓끝으로 여러 가지 색을 섞여
그려내면 그림이 된다.

악보를 그려 연주하면
음악이 되고
입으로 부르면 노래가 되고
형상을 만들면 조각품이 된다

시로도 그림으로도
노래로도 조각품으로도
표현하지 못한 생각들 속에
하루 종일 빠져 삽니다.

백수의 하루 65 —가사도우미

이른 아침
아내는 출근하고

밥하고
빨래하고
방 청소하고
아기 돌본다.

날마다
되풀이되는
일상

백수 아닌
떳떳한
가사도우미

백수의 하루 66 –교환가치

교환가치로
사람을 평가하는
세상이다

백수의 교환가치
0

백수에게 오는 전화
한통 없다

받아 갈 것이 있어야
부르겠지
줄 것이 있어야
전화하지

줄 것도 없고
받을 것도 없는
백수

백수의 하루 67 – 생각

생각이 많은 것도
병인가요

병입니다

무슨 생각이 그리도
많은가요

이것저것
꼬리를 물고 일어서는 생각들
잠 못 이루는 날이
더 많습니다

생각을 끊으세요
무념, 무심, 무아, 무상
경지에 이르면
모든 게
헛된 꿈이랄 걸
깨닫게 됩니다.

백수의 하루 68 - 깨달음

빈손으로
왔습니다

양손에
한가득 움켜쥐어도
돌아갈 때는
모두들 빈손입니다.

백수의 하루 69 −인생

!
느낌표로
왔습니다

?
물음표를 품은 체
1,2,3……
숫자 계산하며
살았습니다

.
마침표로
갑니다

0
아무것도
남지 않습니다.

백수의 하루 70 −뜬구름 잡기

뜬구름을 잡았다고요
뜬구름을 잡으려고
높은 빌딩 세우더니만 끝내
뜬구름도 잡으셨네요

희뿌연 뜬구름이 가려
맑은 하늘을 볼 수 없네요
밤하늘에 별들도 희미하게
녹슬어버렸네요

잡아놓은 뜬구름은
시꺼먼 먹구름으로 저희들을
깔아뭉개고 있어요
도대체 저희들은 쳐다볼 하늘도 없네요

잡다가 놓친 뜬구름들이
쓰다가 버린
먹구름이 되고
비가 되어 떨어지네요

할 일 없는 백수는
흑수가 되어 버려지고 떠 밀려서
철망 덮개 위로 어둠 컴컴한 냄새 남기며
눈물되어 흘러가네요.

백수의 하루 71 −직업 밝히기

낯짝이 두꺼워져야
백수도 대접받는다

동창 모임에서는 백수도
思業이니까
徊事 다니고 있다고
사실만 말한다

한글로 말하니
해석은 가가 막힌다

친구들은
"사업", "회사"는
일터라는 말로 알아듣고
고개 끄덕끄덕

백수에게는
"思業"이 "생각하는 업"이고
"徊事"가 "일 없이 어정거리는 일"
한자 뜻풀이로 숨김없이
사실을 사실대로 말했지만
듣는 사람들이 해석을 달리한 것이다

거짓말했다고
"어디 입방아 찧는 놈 나와 봐"
"사업", "회사"란 말에
깊은 뜻이 숨어있는 줄
모르는 교양 없는 녀석은
혼쭐이 나야 한다.

백수의 하루 72 −감사합니다

이 세상 태어난 것만으로도
감사합니다

풍선 같은 욕망
부풀리며 살다가
터지거나 바람 빠지고 마는
인생입니다

자신을 다스리며
남보다 더 수행하면서
살아온 것만으로도
축복입니다

감사합니다
고맙습니다.

시인 김관식

시인 김관식은 1974년에 광주교육대학 졸업하고 그로부터 10년 후인 1984년에는 조선대학교 경상대학 회계학과 졸업했다. 이어서 조선대학교 대학원 경영학과 회계학전공 경영학 석사학위를 1986년에 받았다. 그 후 1998년에는 한국교원대학교 대학원 교육사회학과 교육학 석사학위를 받았다. 쉼 없는 공부를 하여 2012년에는 한국방송통신대학교 국어국문학과를 졸업했다. 2015년 한국방송통신대학교 대학원 문예창작콘텐츠학과 문학 석사학위를 취득하고 현재 한국방송통신대학교 문화교양학과 4학년에 재학 중이다.

문단 활동으로는 1976년 전남일보 신춘문예에 문학평론으로 입상을 하면서 문단에 발을 들여놓기 시작했다. 이어서 1979년에는 월간 『아동문예』에 동시로 천료 하였고, 1998년에는 계간 『자유문학』에 시로 신인상에 당선되었다.

저서로는 제1동시집 『토끼 발자국』(1983년)아동문예사에서 출간을 하였으며, 제2동시집 『꿀벌』(1990년)동화문학사에서 출간, 제3동시집 『꽃처럼 산다면』(1996)아동문예사에서 출간, 제4동시집 『햇살로 크는 바다』(2000)교단문학사에서 출간, 제5동시집 『화분 이야기』(2007)아이올리브에서 출간, 제6동시집 『바람개비 돌리는 날』(2007)아이올리브에서 출간, 제7연작 동시집 『속삭이는 숲 속 노래하는 나무들』(2007) 태극에서 출간, 제8연작 동시집 『물속나라 친구들』(2008) 아이올리브에서 출간, 제

9동시집 『가을 이름표』 (2008) 아이올리브에서 출간, 제10연작 동시집 『우리나라 꽃135』 (2008) 아이올리브에서 출간, 제11연작 동시집 『아침이슬83』 (2013) 책마중에서 출간, 제12동시집 『이슬에게 물어봐』 (2015) 도서출판 해동에서 출간, 제1시집 『가루의 힘』 (2014) 도서출판 해동에서 출간, 제2시집 『연어의 귀향』 (2016) 문창콘에서 출간, 제3시집 『민들레꽃 향기』 (2016) 문창콘에서 출간, 문학평론집 『현대 동시인의 시세계-호남편』 (2013) 책마중에서 출간, 문학평론집 『현대 한국시인의 시세계』 (2016) 문창콘에서 출간, 전설집 『나주의 전설』 (1991년) 나주문화원에서 지원받아 출간했다.

그동안 출간한 책이 12권의 동시집과 3권의 시집, 문학평론집 2권, 전설집 1권 18권으로 현재 출간 준비 책을 포함하면 20여권이 될 것으로 보이는 다작의 시인이다.

김관식 시인의 수상으로는 1986년 제11회 전남아동문학가상 수상을 시발점으로1997년 제16회 아동문예작가상 수상, 2000년 제3회 교단문학상 수상, 2006년 제6회 대한민국공무원문학상 수상, 2009년 한국시 문학대상 수상, 2015년 제1회 육당 최남선 신문학상 수상, 2015년 제40회 노산문학상 수상, 2016년 월간 시see 제1회 시평론상 수상, 2016년 제7회 백교문학상 대상을 수상했다.

문학단체 활동으로는 국제펜클럽 한국본부 회원이며, 한국문인협회 회원, 한국자유문인협회 회원, 한국현대시인협회 회원, 한국아동문학인협회 회원, 한국동시문학회 회원, 한국아동문예작가회 회원, 한국아동문학학회 회원, 한국산림문학회 회원, 양천문인협회 회원, 서초문인협회 회원, 나주문인협회 초대회장 역임, 월간 『한국시』 신인추천위원 및 심사위원, 월간 『지필문학』 자문위원 겸 신인심사위원 역임, 현재 『별밭』 동인. 계간 『백제문학』 『가온문학』 신인심사위원, 계간 『시와 늪』 주필 겸 신인심사위원으로 활발한 활동 중이다.

현재 한국교총 교육개혁위원(2016-2917)이며, 경기도 부천시 부천남초등학교 재직 중이다.

국립중앙도서관 출판예정도서목록(CIP)

백수의 하루 / 지은이: 김관식. -- 부천 : 가온, 2016
  p. ;   cm

ISBN 979-11-85026-44-2 03810 : ₩8000

한국 현대시[韓國現代詩]

811.7-KDC6
895.715-DDC23   CIP2016024824

백수의 하루

지은이 · 김관식
펴낸이 · 김정현
등 록 · 2011년 7월 14일
발 행 · 2016년 11월 1일
펴낸곳 · 도서출판 가온
주 소 · 경기도 부천시 부일로 749번길 9, 4층 F2호
전 화 · 02-342-7164
팩 스 · 02-344-7164
e-mail · kjsh2007@hanmail.net
ISBN · 979-11-85026-44-2
가 격 · 8,000

무단전재와 복제를 금합니다.
도서출판 가온은 농인聾人과 함께합니다.